AF497051

La méthode anti-ghosting

Les 10 erreurs à ne plus commettre
lorsqu'un prospect vous contacte

Muriel Saldalamacchia

La méthode anti-ghosting

Les 10 erreurs à ne plus commettre lorsqu'un prospect vous contacte

LES ERREURS | L'ART DE LA RELANCE

© Muriel Saldalamacchia, 2020
ISBN : 978-2-9572865-0-8

SOMMAIRE

Sommaire

INTRODUCTION

« Pour grands que soient les rois, ils sont ce que nous sommes : Ils peuvent se tromper comme les autres hommes. »

Pierre Corneille, Le Cid.

C'est d'abord en tant qu'entrepreneure que j'ai pris mes premiers "murs". Clairement. Avant de me lancer dans l'aventure entrepreneuriale, j'étais confortablement installée dans des grands groupes français et internationaux, qui nous donnaient clé en main, des process sans que nous n'ayons à chercher à les améliorer puisque d'autres les pensaient pour nous. Si nous échouions en respectant le process, l'écueil n'était pas nôtre… C'était à priori celui du chef marketing, du chef de ventes…

Oui… mais j'ai embrassé la casquette entrepreneuriale, et là, difficile de me cacher derrière une possible hiérarchie. Si j'échouais dans ma conquête du client, mon chiffre d'affaires était proche du néant. Ce qui n'est pas le but d'une entreprise, n'est-ce pas ? Et puis je détestais lorsque ma réponse à une demande restait sans retour. J'étais aussi convaincue que si ce couple prenait le temps de me contacter, aussi peu engageant le ton du message l'était, il y avait déjà de leur part un signal d'achat fort.

En tout cas, être sans réponse du prospect à la fin des années 2000, cela n'avait pas encore de nom spécifique. Aujourd'hui, cela s'appelle le Ghosting. En franc-parler, c'est lorsque votre interlocuteur ne donne plus signe de vie. Ce qui parait dingue car a priori, c'est lui qui a besoin de nous dans sa démarche.

J'ai donc dû me poser et réfléchir. Ce qui me convenait par-dessus tout, c'était de mettre en place des process. C'est ma nature. Organiser, procéder à des étapes qui mènent à la réussite. Ancienne sportive de haut niveau amateur, je n'ai jamais brillé par mon talent. Soyons honnête. Par contre, ce haut niveau amateur, je l'ai atteint grâce à ma capacité à endurer la répétition pour que les techniques fonctionnent. Si cette méthode ne fonctionnait pas, je la changeais. Jusqu'à ce que je trouve celle qui menait à la réussite. Une fois ancrée en moi, je reproduisais inlassablement, et même avec un immense plaisir.

C'est – entre autre – comme cela que je suis devenue entrepreneure. J'avais besoin de créer mes propres process, mes propres méthodes et ainsi éviter de reproduire mes erreurs lorsqu'un prospect me contactait. Et j'y suis parvenue. Fini le ghosting !

Ce qui fonctionnait pour moi, devrait alors fonctionner pour les autres.

C'est ensuite en recevant dans mon académie des centaines de professionnels du mariage de tout le pays, pour la grande majorité des wedding-planners, que j'ai pris conscience que trop de fois, trop de professionnels étaient confrontés à l'échec de la première "mise en relation" avec le client potentiel, à causes d'erreurs récurrentes, dont plus de 85 % n'avaient absolument pas conscience.

J'ai toujours, en continuant mon expansion, pu travailler sur d'autres continents, avec différentes cultures, en devenant conférencière, toujours dans l'industrie du mariage, en me spécialisant dans le mariage de destination. Histoire de corser un peu le tout.

Et vous savez quoi ? Les erreurs que l'on commet avec les prospects qui nous contactent sont les mêmes que l'on soit entrepreneur américain, européen, indien ou emirati.

En 2014, je décidais donc d'écrire un livre blanc – c'était la mode – et ma valeur ajoutée à moi, c'était ma maîtrise et mon abnégation à signer des contrats avec la quasi totalité des clients prospects qui me contactaient.

En 3 années, de 2014 à 2017, vous avez été 6 681 professionnels de l'industrie du mariage à débloquer le téléchargement de mon livre blanc « Les 7 erreurs à ne pas commettre lorsqu'un prospect vous contacte ».

Un succès que j'espérais, bien entendu, mais qui me donne encore aujourd'hui un tournis d'euphorie si l'on imagine qu'il est destiné initialement aux wedding-planners uniquement.

Lorsque je l'ai écrit, j'osais espérer qu'il allait être le fer de lance du blog de mon académie, à l'époque « Réussir dans le Mariage© » #RDLM. Il était l'expression même que je pouvais offrir des conseils pertinents et qui serviraient au plus grand nombre de confrères et consœurs.

À ce jour, #RDLM n'a toujours pas son pareil. Et certainement que le livre des 7 erreurs y est pour beaucoup.

Nous sommes désormais en 2020, et après deux années en sourdine, j'ai décidé de redonner vie à ce livre.

À une époque où les réseaux sociaux permettent aux clients de vous trouver et d'entrer en contact encore plus facilement avec vous, et en parallèle, où nous sommes de plus en plus nombreux sur le marché, il est évident qu'il fallait à nouveau apporter une solution adaptée, performante et à disposition du plus grand nombre.

Le livre s'est vu ajouté 3 nouvelles erreurs que je vois régulièrement dans les sessions de formation, en lien direct avec notre environnement actuel.

Alors, finalement, que pouvez-vous concrètement trouver dans ce livre ? Une méthode anti-ghosting. Vous allez accéder à une méthode testée et approuvée. Par moi, c'est certain, mais aussi par des centaines de wedding-planners déjà en activité qui ont mis en pratique les conseils et méthode prodigués dans ce livre.

Si vous en avez ras-la-casquette de recevoir des demandes de devis de prospects par e-mail ou via une plateforme de référencement et que rien ne se passe ensuite, alors, ce livre est fait pour vous !

Tout d'abord, après avoir défini votre environnement (prospects, signal d'achat, médias), ce livre reprend les 10 erreurs à ne plus commettre à chaque fois que vous êtes contacté. Vous verrez ensuite abordés tour à tour l'art de la vente, l'art de la relance, en terminant par un florilège des pires mails reçus, et qui pourtant ont tous menés à la signature du contrat.

Vous l'avez compris : j'aime profondément aider mes pairs. J'aime profondément vous aider.

Ce livre #antighosting a pour seul et unique objectif : celui de vous permettre de progresser et développer ainsi votre chiffre d'affaires. Car appliquer ces méthodes, c'est vous garantir de changer radicalement votre avenir d'entrepreneur.

Et si nous attaquions enfin ? Let's go... Ghosting is dead !

I

VOTRE ENVIRONNEMENT

1. De prospect à client.

Avant de nous lancer corps et âmes dans la liste détaillée des erreurs, il me semble important de définir chaque cadre de notre discussion dans ce livre. En d'autres mots, il faut nous mettre au diapason afin d'être sur la même longueur d'ondes pour l'ensemble des prochaines pages de cet ouvrage.

Que ce soit en économie ou en marketing, le « prospect » c'est la personne susceptible de pouvoir acheter un produit ou un service. Il est également nommé « client potentiel ». Pour faire simple, je vais utiliser le mot « prospect ».

Ce prospect arrive à vous selon un canal qui lui est propre. Nous appellerons ce canal le « canal d'arrivée », c'est à dire celui par lequel le prospect arrive à vous.

Soit ce prospect arrive à vous à travers vos actions commerciales comme par exemple :

– Votre site web et le référencement qui va avec,
– Votre participation à un salon spécialisé,
– De la publicité directe.

Soit ce prospect vient à vous car il a entendu parler de vous, et là, les canaux d'arrivée sont nombreux, ce qui rend le processus encore plus excitant :

– Recommandation par un ancien client,
– Recommandation par un prestataire partenaire,
– Recommandation par un ami, un membre de votre famille,
– Un événement que vous avez réalisé et auquel ce prospect a participé. Dans cette situation, vous êtes pour lui irrésistible, puisqu'il vous a vu « à l'œuvre ». Il est donc tout acquis à votre cause. Pour vous, c'est un prospect chaud.

Qu'est-ce donc qu'un prospect chaud ?

C'est un client potentiel qui selon son canal d'arrivée, sera classé dans une de ces différentes catégories :

Le prospect : c'est vous qui le démarchez, et dans ce livre, nous le laisserons volontairement de côté. Non qu'il ne soit pas intéressant, bien au contraire, mais il ne rentre pas dans la catégorie qui nous concerne aujourd'hui. Nous abordons les situations où c'est le prospect chaud qui vous contacte.

Le prospect chaud : il vient à vous, il s'est renseigné sur vos produits, sur vos services. Vous allez devoir lui consacrer votre énergie, il mérite toute votre attention. En effet, son intention d'achat est imminente. Et si vous ne traitez pas sa demande, il ira acheter ce qu'il pensait trouver chez vous chez votre concurrent.e.

Prospect froid : là encore, ce prospect vient à vous et montre de l'intérêt pour votre produit, votre service. Mais attention : son intention d'achat est à moyen ou à long terme. Dans notre univers du mariage, selon les métiers, ces prospects sont nombreux. Il faut néanmoins traiter leurs demandes avec sérieux. Sans oublier d'utiliser des techniques pour le tenir en haleine. Une newsletter par exemple est un bon moyen pour garder contact. Ce n'est qu'un exemple : il y a beaucoup d'autres méthodes pour cela.

Suspect : Contre toute attente, on ne considère pas en marketing un suspect comme étant un concurrent qui espionne par un mail avec fausse adresse. Non, non ^_^. Un suspect est un contact que l'on aura ciblé via une action de communication engagée, mais dont la probabilité d'achat est très mince.

Vous l'avez compris : nous nous occupons ici, dans ce livre essentiellement des prospects chauds.

Toujours là ? Parfait !

Passons maintenant aux différentes sources d'envoi par mail.

Quelles sont les différentes sources de mails ?

Pour vous contacter via le web, un prospect a plusieurs moyens à sa disposition. Je vous en dresse une liste ci-dessous :

- Mail direct : il a vu votre (très joli) site ou blog, et souhaite personnaliser son approche et sa demande en vous contactant directement. On parlera ici de prospect (très) chaud.
- Mail via la page contact de votre site / blog : là encore, il a vu votre site, mais préfère suivre la voie que vous avez mise à sa disposition. Et c'est déjà une belle reconnaissance de votre pragmatisme. Il a compris que vous étiez là

pour lui simplifier les différentes démarches liées à son mariage. C'est un bon point. C'est un prospect chaud également.

– Alerte mail via un site spécialisé du mariage : vous êtes peut-être abonné(e) à : www.mariages.net, www.zankyou.fr, www.unbeaujour.com, www.mademoiselle-dentelle.fr, etc. La liste est grande. Je vous laisse avec votre ami Google ou Bing pour faire vos propres recherches d'annuaires de mariage. Les prospects sur ces sites font souvent des demandes simultanées à des prestataires d'une même catégorie. Vous ne savez donc pas forcément si l'intérêt pour vous est grand ou non. C'est un prospect froid. Dans cette catégorie, vous rencontrerez également beaucoup de suspects.

Autre source irrésistible pour que vos clients potentiels vous contactent : les réseaux sociaux, comme Instagram© par exemple. Il y en a bien d'autres, et selon votre métier certains plus judicieux que d'autres. Mais à ce jour, à exploitation équivalente, Instagram est la plus grande porte d'entrée de vos clients. J'ai bien écrit clients oui. Nous passons directement de prospect chaud à client avec Instagram.

2. COMPRENDRE LE SIGNAL D'ACHAT

Nous venons de prendre le temps de définir la différence entre prospect et client. Avant de pouvoir aborder les différents types d'erreurs à ne pas commettre lorsqu'un prospect vous contacte, je vais aussi vous aider à prendre conscience de ce qu'il se passe dans la démarche du prospect lorsqu'il fait le choix de vous contacter.

Oui, vous avez bien lu : il fait le choix de vous contacter. C'est bien là un signal d'achat fort. Et en prendre conscience, normalement, cela vous aide considérablement à définir votre plan d'action pour le mener de prospect à client.

Et si dans ce livre nous brossons les 10 erreurs à ne pas commettre lorsqu'un prospect vous contacte, il faut d'abord ancrer une évidence du processus psychologique du prospect.

En effet, il est logique d'imaginer qu'il est bel et bien entrer dans sa phase « achat » puisqu'il vous contacte. Mais vous pouvez alors me dire : « oui, mais il a contacté plusieurs concurrents, ce n'est pas moi qu'il veut ». Je suis d'accord avec vous. À cent pour cent d'ailleurs : effectivement, il ne sait pas encore que c'est vous qu'il va choisir et à qui il va acheter le produit ou le service.

Mais avez-vous réalisé que, déjà à ce stade qui vous semble tout juste engageant, ce même prospect a déjà émis plusieurs signes d'achat ?

Premier signal :

Le prospect a réfléchi à ses besoins : en effet, en discutant chez lui, il a mis en place sa propre stratégie pour avancer dans sa décision d'acheter un des produits ou services que vous pourriez proposer. Dans la plupart des cas, il ne sait d'ailleurs pas que vous existez. Mais cela va vite arriver. Oui, dans sa prochaine étape.

Second signal :

Il veut passer à l'action : il entame ses recherches. Qu'elles soient via Google, via un ou plusieurs annuaires spécialisés, via les réseaux sociaux ou par le bouche à oreilles, ce prospect devient vraiment chaud dans sa volonté de passer à l'action d'achat. Vous me voyez arriver là n'est-ce pas.

Troisième signal :

Ce troisième signal d'achat, et certainement celui qui devrait vous mettre le plus de baume au cœur : à l'issue de ses recherches, il a choisi de vous contacter, vous et une sélection de vos concurrents. C'est toujours très sain que ce prospect contacte plusieurs agences, plusieurs entreprises avant d'acheter. Si vous deviez acheter une maison (c'est un achat important,tout comme l'est pour quiconque de vouloir organiser et mettre en forme son mariage), ne consulteriez-vous qu'une seule agence ? Ne visiteriez-vous qu'un seul bien ? Non, bien évidement que non.

J'ai pour habitude de demander à ces prospects qui me contactent s'ils ont bien pris le temps de contacter d'autres wedding-planners. J'avoue que je suis refroidie lorsqu'ils me répondent que non : soit ils ne sont pas convaincus de vouloir engager un wedding-planner, et là, clairement, je vais perdre mon temps, soit ils n'osent pas répondre oui. Je vous livre mon astuce : je dédramatise toujours la situation en expliquant qu'au contraire, il faut qu'ils puissent comparer, car choisir son planner, c'est certainement l'étape la plus importante à ce stade de leur réflexion pour l'organisation de leur mariage. Cela fonctionne pour tous les métiers bien entendu.

Alors ? vous le sentez ce sentiment de première victoire ? Car autant sur sa première démarche (la réflexion) vous n'avez en rien influencé son signal, que déjà sur sa seconde démarche (les recherches) vous avez eu un rôle à jouer. Et c'est grâce à tout le travail que vous accomplissez chaque jour pour asseoir votre présence en ligne et hors ligne. Bravo ! Avez-vous ce sentiment de « gagnant » déjà en vous ? Si vous n'en étiez pas encore conscient ni convaincu, c'est le moment de faire évoluer votre état d'esprit.

Vous l'avez compris : lorsque vous recevez ce mail, cet appel téléphonique, ce message sur WhatsApp ou ce message via Instagram, ce prospect chaud a déjà émis trois, oui trois signaux d'achat. Il est temps de lui donner ce qu'il est venu chercher : votre prestation.

À retenir

Lorsque vous recevez une demande de prospect, il a déjà passé beaucoup de temps pour arriver à vous. Il a donc manifesté 4 signaux forts de volonté à acheter votre produit, votre service.

À faire

À chaque demande que vous recevez, obligez-vous à penser à ces 4 signaux forts. Cela vous motivera pour vouloir prendre la main, et gagner ce contrat qui vous est destiné.

3. LES MÉDIAS AU CŒUR DE L'ACTION

Dernier aspect à explorer avant de passer aux 10 erreurs à ne pas commettre lorsqu'un prospect vous contacte, les médias par lesquels ils nous contactent aujourd'hui.

À la fin des années 2000, la quasi-totalité des demandes arrivaient par email. Les prospects les moins aguerris au web, téléphonaient directement.

Nous voilà vingt ans plus tard, et les méthodes pour contacter un professionnel ont bien changé. Tout s'est littéralement structuré. Aujourd'hui, nous chattons via WhatsApp ou Instagram, sans que cela ne remette en cause, nullement notre professionnalisme, ni notre sérieux. Et en face de nous, les demandes sont tout autant aussi motivées et qualifiées.

Question de génération, ce sont nos modes de communication et la génération milléniale qui a permis ces évolutions. Que vous soyez pour ou contre, il va falloir être à l'aise avec ces modes de fonctionnement, car ce qui était vrai dans la fin des années 2000, ne l'est plus à la nouvelle ère des années 2020.

Soyez donc certains d'être présents et aguerris aux supports suivants :

– Mails directs
– Mails via vos formulaires de contact sur votre/vos sites web(s)
– Instagram et ses DM (direct messages en anglais ou MP message privé en français)
– Messenger de Facebook
– WhatsApp (wechat…), SMS/iMessage

Parmis tous ces médias – supports de contact, pensez à être en compte pro ou business (selon les plateformes).

Votre adresse mail doit être professionnelle : zazaletoile84@yahoo.fr cela passe moyen. Gardez votre mail d'ado pour vos échanges privés. Même avec gmail vous pouvez proposer une adresse professionnelle : isabelle.weddings@gmail.com par exemple. ET idéalement, une adresse créée et gérée avec l'url de votre site web : isabelle@isabelle-weddings.fr

Votre formulaire de contact : testez le régulièrement et pensez à demander le numéro de téléphone dans le formulaire, sans rendre la case « obligatoire ». Si le prospect indique son téléphone, c'est un signal d'achat ultra fort. On en parle plus loin dans les erreurs. Vous allez voir comme ce numéro est important. Autre astuce importante : avec votre formulaire de contact, pensez à indiquer votre mail direct en plus en donnant le choix au prospect d'utiliser le formulaire ou d'avoir une approche directe par email (il peut se mettre en copie, et mieux suivre ainsi la salve de demandes qu'il a adressé. Selon la clientèle que vous ciblez, c'est un élément capital.

Les messages privés sur Instagram / Messenger via Facebook : prenez soin de vos comptes, soyez professionnels dans vos réponses. Clairement, et surtout sur Instagram, lorsqu'un prospect vous contacte, il faut aller très très vite, mais sachez que la dimension émotionnelle d'un prospect qui vous contacte via Instagram est importante à ses yeux. Et doit l'être donc pour vous aussi. N'oubliez pas : un compte pro, avec une bio professionnelle, une photo de profil professionnelle, et un feed construit. Vous inspirez ainsi confiance et augmentez vos chances d'être contacté.e par message privé sur ces réseaux.

Les échanges via WhatsApp : à ce jour, les prospects qui vous contactent directement via WhatsApp sont de loin ceux qui envisagent d'acheter votre produit, votre service dans les plus brefs délais. Ne soyez pas perturbé.e par ce nouveau mode de communication. Gardez en tête également que cela ne signifie pas que vous seul.e en course pour le graal. Ce type de prospect privilégie ce mode de communication dans sa vie de tous les jours. C'est donc leur faciliter la vie que de répondre via cette plateforme avec eux.

À retenir

— Aucun de ces médias ne peut être négligé.
— Proposer plusieurs méthodes d'entrée en contact avec vous, augmente considérablement vos chances d'être le professionnel qui sera choisi.

À faire

— Travailler tous vos médias pour qu'ils soient professionnels (bio, photos, en état de fonctionnement)
— Répondez à votre prospect via le média par lequel il est entré en contact avec vous.

II

LES ERREURS

Erreur #1 : répondre au-delà de 4h

Répondre en moins de 2 heures, vous positionne comme LE professionnel qui remportera très certainement le contrat.

Ok, j'ai commencé par vous raconter la fin. Digne des plus grands spoilers n'est-ce pas ?

C'est parce qu'être hyper réactif quand on reçoit un email, c'est juste de la survie essentielle lorsque l'on est à la tête de son entreprise. Tout ce que vous entreprenez pour étendre votre visibilité et attirer de nouveaux clients, passe par votre réactivité, c'est à dire le temps que vous allez mettre à prendre contact avec votre interlocuteur, ici un prospect qui pour vous a vocation à devenir votre client.

Voici une situation simple que nous avons tous vécus au moins une fois dans notre vie. Vous entrez dans une boutique et vous posez cette question :« Bonjour, je souhaite voir ce que vous avez comme pantalon en taille 38 s'il vous plaît ? ». Que penseriez-vous si le vendeur ne vous répondait qu'au bout de vingt-cinq minutes ? Je vous vois sourire de là... « Cela est impossible, la vendeuse ne mettra jamais vingt-cinq minutes à me répondre ! » C'est vrai. Je suis entièrement d'accord avec vous. Elle n'aura pas ces vingt-cinq minutes car vous aurez déjà quitté la boutique bien avant, pour aller acheter ce fameux pantalon en taille 38 ailleurs.

C'est pourtant exactement le même ressenti pour votre prospect qui vous adresse sa demande par mail et qui ne reçoit votre réponse que 24 heures, 36 heures, voire 72 heures après avoir fait le choix de vous contacter.

Cela vous semble désormais impensable, rassurez-moi ? Personnellement je trouve cela effrayant.

Répondre dans les 12 heures à une demande par mail vous positionne déjà dans la tranche haute des professionnels du commerce. Beaucoup encore aujourd'hui ne répondent même pas à ces mails pourtant générateurs de contrats. OMG !

Répondre dans les 4 heures, vous positionne comme un spécialiste des relations commerciales.

Répondre dans les 2 heures, c'est vous assurer une place de choix dans l'esprit de votre prospect.

AUSSI, COMMENT FAIRE FACE À LA PRESSION DE L'HORLOGE ?

Au bureau : c'est simple. Soyez connecté(e) et mettez en place une relève automatique de vos mails toutes les ½ heures. Il est vrai qu'en terme de productivité, il est conseillé de ne consulter ses mails que deux fois par jour. À vous de choisir. Je préfère checker mes mails avec la relève automatique en survolant les expéditeurs, et ne répondre qu'à ceux qui sont des prospects. Générer du client, c'est l'objectif de toute entreprise, n'est-ce pas ? Alors quand il se présente à vous, soyez prêt et réactif.

En déplacement, si vous possédez un smartphone, créez vos propres alertes. En recevant un signal, vous estimerez votre délai de réponse maximal à ne pas dépasser.

Si vous savez que vous ne pouvez pas répondre sous les 2 heures, envoyez un email de courtoisie => précisez que vous êtes en déplacement (professionnel) ou en rendez-vous, et que vous reprenez contact dès votre retour, en estimant une date ou un horaire. C'est un peu le principe du répondeur vocal de votre téléphone. Pourquoi ne pas l'adapter au mail ? C'est très efficace, et vous montrez votre intérêt pour le prospect.

Quand cette même demande vous est adressée par WhatsApp ou sur Instagram, jouez vite. La culture de l'immédiateté comporte des codes à travers ces supports de communication. Vous devez être encore plus rapides. Surtout que lorsque vous êtes en ligne, il y a une pastille qui vous trahit, et / ou le signal vu ou double check, indique que vous avez lu le message. Aucun excuse : répondez de suite. Encore une fois : vous pouvez simplement saluer votre interlocuteur et lui dire que vous revenez vers lui au plus vite si par exemple vous êtes en rendez-vous, en prestation, ou en déplacement.

QUE FAIRE DES PROSPECTS QUI NE VIVENT PAS SUR LE MÊME FUSEAU HORAIRE QUE VOUS ?

Je me suis longtemps torturée l'esprit moi-même puisque l'essentiel de mon activité de wedding-planner est l'organisation de mariages de destination pour des clients vivant pour la plupart à 9 heures de moins que moi (Californie), jusqu'à 9 heures de plus que moi (Australie). Forcément, avec un terrain de jeu aussi large, j'ai du faire un choix. Ce choix a été de réfléchir et de demander aux clients que j'avais déjà, ce qu'ils attendaient en terme de réactivité lorsqu'ils avaient à faire à des personnes vivant sur un autre fuseau horaire. Car au final, ils sont les seuls à avoir la réponse.

Ces prospects attendent que vous soyez réactifs dans les horaires décents de votre propre fuseau horaire.

Aussi, voici ce que j'ai mis en place et qui fonctionne bien pour moi : de manière générale, je vais décider de répondre à une demande d'un nouveau prospect dès 7 heures du matin (je suis une lève-tôt) si je sais que le prospect est aux États-Unis par exemple car c'est toujours la même journée pour lui. C'est très important pour lui de manière inconsciente. Recevoir une réponse à sa demande sur la même journée, c'est le début d'une promesse pour lui. Ayez en tête qu'un Américain sait jongler naturellement avec les fuseaux horaires ; il en a trois sur son propres pays. Pour un Américain également, il faut savoir qu'ils imaginent les professionnels du vieux continent comme étant assez « lazy » (paresseux – détendu – pas stressé). Vrai ou faux, peu importe, c'est aussi avec ces idées que vous devez jouer. C'est en connaissant les règles du jeu que l'on peut gagner la partie. Autre exemple, et la boucle sera bouclée : je répondrai après 9h du matin si c'est au contraire un prospect d'Australie car dans tous les cas, c'est pour lui également la même journée.

À retenir

— Il faut répondre vite. Très vite.
— Si vous passez les 24 heures, il va être difficile d'entrer dans la course face à vos concurrents qui seront allés plus vite.

À faire

— Décidez de votre temps de réponse idéal selon votre clientèle, et tenez-vous y.
— Mettez en place un process de réponse.

Erreur #2 : ne pas répondre en préjugeant de la qualité du projet

Il y a cette demande que vous venez de recevoir et qui ne vous fait pas franchement rêver.

C'est acceptable comme sentiment. En tant qu'entrepreneur, la motivation est notre moteur principal. Alors avec cet e-mail que vous venez de recevoir, vous ne savez pas dire pourquoi exactement, mais :

- vous ne ressentez aucun entrain dans la demande,
- vous ne trouvez pas de motivation pour votre travail en particulier,
- et si vous avez la chance d'avoir une quelconque information de budget, vous vous dites que ce n'est pas viable, où que cela ne vaut pas la peine de répondre.

Qui peut sincèrement jeter la pierre ? Personne ne le peut. En tout cas, je ne le ferai clairement pas.

Aujourd'hui encore, certaines demandes me font un de ces effets là. Je suis honnête. Je vais forcément préjuger de la pertinence. MAIS, MAIS je vais quand même répondre.

Oui, je vais répondre car j'ai appris à mes dépends qu'il fallait toujours répondre dans cette situation précise. À mes dépends car ces contrats sont allés chez mes concurrentes directement – on reconnaît toujours les prénoms des couples qui nous ont contacté.

Le prospect n'est pas dans une démarche de performance lorsqu'il nous contacte. Il ne se dit pas qu'il doit absolument nous séduire pour obtenir une réponse. (même si on peut se l'avouer : ce serait vraiment chouette !!). Le prospect n'a pas non plus forcément les mêmes facilités que vous à s'exprimer par mail. Imaginez même que certaines personnes ne se connectent pas quotidiennement à leurs boîtes mails.

Ceux qui ne prennent pas le téléphone spontanément pour vous poser des questions, sont peut-être plus timides et maladroits que vous, du moins, en ont-ils le sentiment.

Il est difficile pour la majorité des prospects de poser les questions que nous attendons en tant que professionnels avisés.

Voici un exemple de mail que l'on reçoit régulièrement dans ce type de présentation :

Bonjour,

Pouvez-vous nous adresser un devis pour un mariage le 11 juillet 2022
à Bordeaux. Nous prévoyons d'être à peu près 100 au repas, et 135
au vin d'honneur. Que pouvez-vous nous proposer ? Merci de votre réponse.

Marie & Rémi

À ce stade précis, vous ne savez RIEN.

Personnellement, je me poserai même la question suivante => ce mail m'est-il destiné ? je suis wedding planner, ou alors est-ce que ce couple de prospect pense que je propose des services de traiteur ?

Ceci n'est qu'un exemple parmi tant d'autres.

Mais, on s'aperçoit bien ici que la demande est vague et peu engageante. Ne sous-estimez pas cette demande ! Agissez et répondez au mail, le plus simplement possible (et rapidement !)

Bonjour Marie, Rémi,

Félicitation pour ce mariage qui se profile ! Bordeaux est de surcroît une ville splendide qui regorge de lieux sublimes pour célébrer votre mariage.

J'adorerai pouvoir répondre à toutes vos questions aussi je vous propose de vous téléphoner pour une discussion informelle, idéale pour nous découvrir et vous écouter. En tant que wedding-planner, je mets un point d'honneur à pouvoir entamer le dialogue dès le premier contact.

Ce premier appel durant environ 15 minutes, je vous laisse me dire quel jour / heure vous convient le mieux.

Je me fais déjà une joie de vous lire et surtout de vous découvrir Marie, Rémi.

Bien à vous,
Muriel Saldalamacchia

(+ toutes mes coordonnées complètes de ma signature électronique)

Vous avez noté ? Je n'ai pas encore précisé que j'avais besoin de son numéro de téléphone pour pouvoir les recontacter par téléphone. C'est normal et stratégique : un mail = un message = une action. Et là clairement, c'est d'obtenir notre rendez-vous téléphonique.

J'ai précisé que j'étais wedding-planner, et j'ai commencé à diriger la discussion qui va avoir lieu. Ce sera un jeu de questions – réponses : vous attaquez votre appel de faisabilité de la plus engageante des manières.

Bonus : quand Marie me répondra en précisant aussi son numéro de téléphone, cela me montrera un peu plus encore son implication à vouloir faire de cet appel, un rendez-vous positif et engageant.

Vous avez désormais sous les yeux le mail réponse que j'envoie à chacune de mes demandes mails. Ce simple échange me permet d'obtenir 9 fois sur 10 les coordonnées des clients, et ainsi, d'échanger sur le potentiel de leur projet avec eux dès le premier retour d'email.

À retenir

— Une demande reçue mérite forcément toute notre attention
— Ne jamais se fier au premier e-mail. Vous perdriez de jolis contrats en les donnant directement à votre concurrence.

À faire

Travailler une trame de réponse qui va indiquer que vous souhaitez entamer une discussion pour en savoir plus. Souvenez-vous, il faut aller vite pour obtenir ce rendez-vous.

Erreur #3 : répondre
par un mail euv e

Je me souviens, lors de ma première année d'existence, que je ne savais pas comment m'y prendre avec un prospect qui souhaitait avoir des informations sur le mariage que je pouvais lui organiser, alors que je ne rencontrais pas ce problème avec mes prospects BtoB (entreprises, collectivités…).

Je me disais que le mariage c'est de l'émotion, et qu'il était donc apprécié par les prospects de recevoir un mail fleuve, rempli de fleurs et de miel. Je prenais soin de tout détailler, sur tout, pour tout, et à toutes les lignes.

Clairement une erreur. Ne JAMAIS trop en dire dans ce premier mail. C'est un mail de prise de contact : alors prenons contact, tout simplement.

Ce n'est en aucun cas le moment, ni le moyen de communication approprié pour entamer votre phase de découverte, et encore moins en sautant l'étape de l'appel de faisabilité.

De plus, dans un mail fleuve, vous avez l'occasion de commettre tellement plus d'erreurs qu'avec un mail court. Forcément : moins de compliments stéréotypés, moins d'informations rédhibitoires, moins de fautes, moins de tout !

Voici ce que je vous propose pour cadrer votre message, et le garder à la fois court, et percutant, grâce à une trame d'écriture qui reprend 5 items :

1. Saluez-le par un « bonjour » suivi de son prénom. Cela peut vous paraître familier, c'est au contraire beaucoup plus actuel et moderne. C'est un premier pas vers la personnalisation de vos rapports, donc le sur-mesure.
2. Félicitez. (reportez-vous à l'erreur #5 « omettre de féliciter »)
3. Remerciez votre prospect de l'intérêt qu'il vous porte.
4. Proposez-lui un rendez-vous téléphonique.
5. Prenez congé, sans oublier d'intégrer votre signature complète (toutes vos coordonnées et site web)

Voilà : vous possédez une trame adaptable à toutes les professions, toutes les catégories sociales de clients.

Vous verrez, votre taux de retour sera excellent en la suivant à la lettre. #dontbeghosted

Astuce repère : écrivez votre email, envoyez-le vous afin de le lire depuis votre smartphone. En effet, la lecture d'emails / de messages aujourd'hui se font plus de 8 fois sur 10 depuis un smartphone. Pour savoir si la longueur de votre message est acceptable, votre pouce ne devra pas faire plus d'une impulsion vers le haut pour faire descendre le texte et être capable de tout lire.

À retenir

— les mails fleuves ne sont pas lus.
— un mail = un message = une action

À faire

— Entraînez-vous à rédiger des mails courts, toujours composés des 5 items capitaux
— Mesurez la longueur à chaque message avant de l'envoyer. Un écran de smartphone, voir deux, mais jamais (jamais) plus.

Erreur #4 : ne pas prendre le temps de lire entre les lignes.

C'est capital de comprendre comment lire entre les lignes.

- Combien de ces prospects osent poser franchement une question ?
- Combien de ces prospects savent s'exprimer parfaitement à l'écrit ?
- Combien de ces prospects savent vraiment ce qu'ils attendent de vous ?
- Combien de ces prospects savent ce que vous vendez exactement ?

Nous ne sommes pas tous experts de la communication écrite. Clairement pas. Et ce n'est pas grave du tout. Il faut simplement en avoir conscience pour intégrer cette erreur numéro quatre.

Par exemple, lorsqu'un prospect vous contacte pour connaître votre prix, vous vous demandez pourquoi il n'a pas regardé votre site web, puisque tout y est indiqué.

Vous vous demandez aussi pourquoi il ne prend pas plus de temps pour vous flattez quelque peu, vous raconter ses besoins, ses envies. Non, il vous parle directement du prix.

Et bien, aussi frustrant que cela puisse sembler, un prospect qui demande votre prix, c'est un prospect chaud : il n'attend qu'une chose, c'est valider son acte d'achat. Oui, il vous parle prix, et c'est qu'il veut avancer sur la partie la plus importante pour lui à l'instant même de son pro-cessus : savoir s'il peut se payer vos services.

Un mail c'est souvent aussi l'occasion pour le prospect, qui est un couple ne l'oublions pas, d'écrire à l'unisson afin de délivrer un même et unique message, alors qu'ils sont deux personnali-tés. Savoir lire entre les lignes, c'est donc aussi déceler qui prend les décisions (le signataire) ou lequel des deux sera celui avec qui vous allez échanger la plus grande partie du temps. C'est important pour vous de comprendre très vite afin que vous puissiez adapter votre discours lors de votre premier échange téléphonique

Enfin, lire entre les lignes, c'est aussi vouloir analyser le type de communication que vous allez devoir mettre en place pour créer une relation saine, basée sur la confiance et la compréhension de l'autre.

Entraînez-vous à lire des mails que vous avez rejeté (s'ils sont toujours dans vos corbeilles), et passer en seconde lecture, voire troisième lecture le message. Selon que vous soyez calme ou énervé, que ce soit le matin ou en fin de journée, en saison ou en période de préparatifs, vous ne lirez pas deux fois le message de la même manière. C'est cela savoir lire entre les lignes : dans notre cas, c'est comprendre le message d'un prospect qui ne connaît rien à notre métier et qui fait pourtant l'effort de s'exprimer avec ses mots, voire un peu de vocabulaire spécialisé, emprunté ça et là au gré de ses recherches sur ses besoins.

Un peu de finesse dans notre analyse. Ce prospect mérite bien cela. Et votre entreprise mérite votre effort également. Alors, plus aucune hésitation. Passez toujours deux à trois lectures du même message avant de répondre à son expéditeur.

À retenir

— toujours chercher à lire entre lignes, pour mieux cerner les besoins du prospect.
— tout le monde n'est pas à l'aise à l'écrit.

À faire

tout en sachant que vous devez répondre dans les deux heures (comment, je ne vous l'ai pas dit ?), prenez le temps de lire au moins trois fois le mail afin d'éviter toute incompréhension ; ce qui nuirait au démarrage de votre communication avec le prospect.

Erreur #5 : omettre de féliciter
(sincèrement) le couple

Un couple de prospect qui vous contacte, c'est parce qu'il se marie. Quoi de plus normal que de le féliciter, non ? D'autant qu'il va miser beaucoup sur cette journée. Que ce soit en émotions ou en investissement financier.

Au-delà du symbole qu'il représente, le mariage dispose d'une dimension irrationnelle et émotionnelle qui est propre à chaque couple. Certains vont souhaiter un mariage authentique, d'autres un mariage spectaculaire. Entre les deux, c'est le grand écart, c'est vrai. Mais comprenez qu'ils ont tous cependant un point commun : la fierté ! Fierté de s'engager, fierté de passer à l'acte, et fierté de l'annoncer à travers les demandes de renseignements.

Étant un / une professionnel(le) du mariage, vous avez cette part de convivialité, sincère qui vous facilitera le compliment ; celui qui touchera le couple / le prospect.

Ne pas les féliciter pour leur mariage est un manque d'attention, qui, inconsciemment, fera penser au prospect que vous manquez d'intérêt pour lui.

Prévoyez d'avoir en mémoire trois ou quatre formules de félicitations différentes.

Pour trouver facilement l'inspiration, imaginez que c'est vous qui recevez ces félicitations. Qu'aimeriez-vous lire ?

À retenir

— la charge émotionnelle liée au mariage est immense. Il est indispensable de féliciter le couple pour cet événement qui se profile.
— non, cela n'est pas ringard ou prématuré de les féliciter dès le premier mail. Au contraire.

À faire

trouver des mots / expressions sincères que vous aimeriez écrire aux prochains prospects qui vous contactent. Puis conservez ceux qui fonctionnent le mieux. La bonne nouvelle, c'est qu'avec le temps, vous le ferez naturellement, et vos mots seront plus sincères et spontanés.

Erreur #6 : envoyer un devis type / donner son prix en retour de message

Parmis cette liste d'erreurs à ne pas commettre lorsqu'un prospect vous contacte, j'ai commencé par un élément essentiel, celui qui est à la base de tout, à la base de tous les points qui sont développés ensuite : la rapidité avec laquelle vous devez revenir vers le prospect. Plus vous êtes rapide, plus vous augmentez vos chances d'être le professionnel qui sera choisi par le prospect.

Dans toutes les sessions de workshops, de masterclasses que j'ai pu enseigner, et même en conférence, j'ai pu noter que, assez spontanément après avoir abordé le sujet de la rapidité de réponse, un des premiers réflexes pour garantir une efficace réactivité est l'automatisation.

Automatiser vos tâches, c'est indéniablement vertueux. Nous avons même pris le temps de développer dans l'erreur trois une trame de réponses pour gagner en réactivité justement.

L'écueil premier dans ce principe d'automatisation c'est la non-personnalisation de votre réponse. L'écueil qui arrive immédiatement après est celui d'envoyer un devis type, de donner ses tarifs. Comment vouloir proposer du sur-mesure en envoyant une grille tarifaire lambda, sans avoir réalisé une phase de découverte dans les règles de l'art ?

Ne pensez-vous pas que c'est clairement incompatible ?

Vous pouvez très bien penser : « oui mais ma grille tarifaire sert de base à ma relation commerciale avec mon prospect ». Oui, c'est vrai. Mais cette base ne doit pas être envoyée automatiquement. Parce que envoyée telle quelle, elle est impossible à vendre. Littéralement impossible à vendre. Un tarif, une offre commerciale, un devis, cela se justifie. Vous retirer votre propre droit à justification est suicidaire commercialement parlant.

Un prix cela se vend, cela se commente, cela s'explique. Pas une plaquette tarifaire, pas un devis type. Il est fréquent de ne voir aucun prix sur les sites webs professionnels de chacun d'entre nous. Au mieux pour le prospect, il trouvera des indications « à partir de », au pire pour lui, il ne trouvera rien. Comment rentrer dans une boutique dont la vitrine est séduisante mais dont je ne suis pas certaine de pouvoir m'offrir le moindre articles ? Vaste débat que d'indiquer ou non ses tarifs sur son site web. Et nous l'aborderons une prochaine fois – ce n'est pas le sujet de ce livre. Sachez simplement que les textes de lois régissent l'affichage des prix. Selon les pays. Selon les états.

Ayez votre grille tarifaire, et organiser un rendez-vous pour annoncer vos prix, pour les expliquer. Avec simplicité et transparence. Ainsi, vous les présenter uniquement lorsque vous êtes prêt.e à la commenter – à la vendre car vous avez échangé avec le prospect, vous avez recueilli ses attentes. Vous allez enfin pouvoir adapter votre offre à ses attentes. Car même si vous avez un prix unique, vos arguments seront quant à eux sur mesure, et seront comme des chuchotements délicieux à l'oreille de votre interlocuteur : il aura trouvé réponses sur mesure à ses attentes uniques.

À retenir

— Ne pas envoyer de devis type sous couvert d'être réactif. Vous n'avez pas assez d'informations pour cela. Votre unique but à ce stade de la relation avec le prospect, c'est d'obtenir un rendez-vous pour découvrir ses besoins et ses attentes.
— Sans pouvoir le justifier, votre prix seul n'a aucune valeur.

À faire

Garder en tête l'objectif de l'échange lorsque vous êtes contacté par un prospect : obtenir un rendez-vous pour découvrir le projet et commencer à créer du lien.

Erreur #7 : ne pas proposer de rdv téléphonique / visio

Dans un monde où beaucoup de nos échanges sont digitalisés, faire preuve d'humanité permet de rassurer n'importe lequel de vos interlocuteurs. Souvenez-vous le prospect a émis beaucoup de signaux d'achat fort avant d'arriver à celui qui est celui de vous contacter. Il vous a sélectionné à travers ce message qu'il vous envoie. Et jusqu'à lors, tout a été digital.

Comme je vous ai expliqué dans les pages de ce livre, votre formulaire de contact propose désormais une section pour que le prospect vous indique son numéro de téléphone. N'oubliez pas : il ne faut pas rendre cette section « obligatoire » dans votre formulaire. Certains prospects de prime abord seraient effrayés de devoir le laisser. Et pour cause : le prospect millennial déteste utiliser son téléphone en tant que téléphone. Il chatte, il envoie des mails, il va sur le web, passe du temps sur les réseaux sociaux, fait des visios avec ses amis, mais il ne téléphone pas. C'est pour lui une fonction intrusive qu'il a décidé d'utiliser pour ce qu'il aura lui jugé utile et bénéfique pour lui. Alors pourquoi je vous parle de cette erreur #7 me direz-vous ? Parce que psychologiquement, le prospect a la sensation de contrôler la manière dont il souhaite être contacté. Il a choisi d'entrer en contact par e-mail, répondez par e-mail en proposant un premier rendez-vous téléphonique. Rassurez-le en lui indiquant sa durée (elle doit être courte) et surtout l'objet, et pourquoi vous pensez que c'est vertueux pour votre relation. C'est de cette manière que vous entrerez dans « son cœur ». En rendant son processus de recherches humain, chaleureux et personnel.

Vous avez gagné : vous avez obtenu LE tout premier rendez-vous avec votre prospect.

L'appel téléphonique est la seule manière d'évaluer le sérieux et la motivation de votre prospect. Celui qui ne vous accorde pas cet appel ne mérite pas que vous alliez plus loin. Vous devez être convaincu.e que le prospect doit vous donner ce dernier signal d'achat avant que vous n'investissiez plus de temps avec lui. Aujourd'hui, la valeur de temps est la seule valeur qui ne s'achète pas, et pourtant c'est celle que l'on sacrifie en premier, spontanément. Votre temps est précieux.

Ce que vous devez obtenir à l'occasion de ce premier rendez-vous ?

– la région
– la date
– le nombre d'invités
– le budget

À retenir

— Spontanément, le millennial n'aime pas les appels téléphoniques. Malgré tout, en proposant un premier rendez-vous téléphonique court et orienté, vous entrez dans sa liste de professionnels qui valent la peine de faire un appel. Instantanément.

— Sans premier rendez-vous téléphonique, pas de futur avec ce prospect. Vous allez perdre votre temps.

À faire

— Réfléchissez aux meilleurs moments pour échanger par téléphone avec le prospect afin que vous soyez à votre avantage. Vous n'iriez pas à un rendez-vous de recrutement sans vous être préparé.e. C'est ici exactement la même chose.

— Faites-vous une fiche avec les 4 informations à obtenir pour n'en oublier aucune.

Erreur #8 : ne pas basculer
en messagerie directe

La messagerie directe = le graal.

Puisque dans votre formulaire de contact il y a une case « numéro de téléphone », le prospect la remplit la plupart du temps. Vous avez donc son numéro de téléphone direct. C'est le rêve de tout marketeur, soyez-en assuré.e.

Alors, aucune hésitation : basculez via WhatsApp ou iMessage et chattez avec le prospect. « Bonjour, je suis Muriel, j'ai bien reçu votre mail. Félicitations pour vos fiançailles récentes. Je suis déjà très impatiente de pouvoir échanger avec vous ».

Le ton bien entendu et le choix des mots est à adapter selon votre personnalité, mais dix fois sur dix, le prospect va vous répondre dans les minutes qui suivent.

Dix fois sur dix. Pourquoi voudriez-vous vous priver d'une telle facilité d'entrer en contact de manière solide et directe ?

Je crois que c'est clair désormais : dès la prochaine demande où vous trouverez le numéro de téléphone du prospect : basculez en messagerie directe, et obtenez ainsi votre rendez-vous pour découvrir et jauger de la faisabilité du projet.

À retenir

— Saisissez l'opportunité de chatter directement avec votre prospect lorsqu'il vous tend la perche.
— Utiliser la messagerie directe (et donc chatter) vous place une fois de plus dans le (très) haut du panier. Ce contrat, il va être pour vous.

À faire

— Inscrivez-vous sur les messageries où vos prospects sont présents : WhatsApp est à ce jour la messagerie la plus utilisée, toutes générations, toutes classes sociales et toutes nationalités confondues.
— Explorer toutes les fonctionnalités de ces messageries.

— Basculer en compte professionnel à chaque fois que cela est possible. Montrez ainsi patte blanche avec cohérence auprès de vos prospects.

Erreur #9 : ne pas garder la main

Je reçois beaucoup de demandes de perfection-nement de la part de professionnels qui déclarent avec dépit et à l'unisson :

« Je ne comprends pas : je n'ai jamais de retour aux mails de contacts auxquels je réponds »

Ainsi, après un court échange, je demande spontanément :

« Je suis un prospect, je vous adresse une demande par mail de devis, que me répondez-vous ? »

Et la réponse est quasi unanime :

« (…) je me ferais un plaisir de vous répondre, téléphonez moi au 06 06 06 06 06, et nous en discuterons ensemble. À très bientôt »

Erreur fatale ! Ne laissez jamais la chance à un prospect de ne pas revenir vers vous.

C'est malheureusement ce qui est fait dans cet exemple au combien récurrent. D'ailleurs, est-ce que vous vous y reconnaissez dans cet exemple ?

Garder la main c'est la manière la plus efficace aujourd'hui pour aussi faire preuve de contrôle aux yeux de votre prospect. Un millennial ne cherche jamais – jamais – un professionnel qui se laisse faire, qui ne propose aucun process, aucune méthode de travail. Bien au contraire. En cadrant vos échanges et donc en gardant la main sur le déroulé de vos rendez-vous, vous lui offrez un cadre rassurant pour lequel il sera prêt à payer beaucoup.

En gardant la main, vous vous garantissez le contrôle de votre agenda, de votre travail et de vos missions. Vous aurez bien des occasions de vous mettre en danger par la suite dans votre relation avec ce prospect devenu client. Mais pas encore. Ce prospect, doit devenir client : alors garder la main.

Garder la main c'est lorsque je :

- propose un rendez-vous
- propose la manière dont nous allons échanger avec le prospect pour un premier rendez-vous
- propose un cadre de relation, de travail.

À retenir

— Garder la main, c'est rassurer le prospect
— Garder la main, c'est garder le contrôle sur votre travail, vos missions

À faire

— Définir ce sur quoi vous souhaitez garder la main absolument

Erreur #10 : ne pas relancer

J'ai remarqué que s'il y a bien quelque chose que déteste la plupart des professionnels que j'ai reçu en formation ou avec qui je discute, tous métiers confondus, c'est de relancer un prospect avec qui ils ont échangé.

Peur de déranger, avoir honte, se sentir intrusif, ne pas oser garder la main… être trop poli….

Il y a des tonnes et des tonnes de raisons, toutes des freins, qui vous poussent à ne pas relancer.

Et vous commettez là, très certainement la plus grosse des erreurs.

Réfléchissez à toutes les étapes que vous avez déjà franchies, ainsi qu'à tous les différents investissements que vous avez effectué pour ce prospect :

– votre temps,
– votre énergie
– votre argent (SEO, publications, etc.).

Sans compter :

— l'ensemble des signaux d'achats que le prospect chaud a manifesté à l'égard de votre service de votre produit.

À une époque où le client essaye de se donner les moyens de choisir, il est primordial de lui transmettre votre message, sous plusieurs angles. Il est acquis de devoir diffuser 7 fois le même message avant qu'il ne soit entendu, enregistré et compris. Entre zéro et sept.. il y a de quoi trouver sa place n'est-ce pas ?

Alors, respirez.. pas de panique, vous pouvez vous reporter au chapitre 3 de ce livre « L'art de la relance », où nous rentrons plus en détail, et surtout avec des exemples concrets à reproduire.

À retenir

— Relancer c'est s'assurer de signer plus de contrats,
— Le prospect attend d'être relancé,
— Relancer c'est entretenir chaleureusement votre relation avec votre prospect.

À faire

Lister toutes les manières possibles de relancer (entrer en contact) avec votre prospect, et en garder une dizaine avec lesquelles vous êtes à l'aise.

III

L'ART DE LA RELANCE

En préambule, voici quelques mots clés qui caractérisent assez bien l'art de la relance :

- Avec humour
- Rester positif
- S'interdire d'être agressif
- Apporter de la valeur à sa relance
- Créer un appel à l'action

1. Qu'est-ce que relancer, pourquoi relancer ?

Relancer un prospect, et de manière générale relancer un partenaire, une administration ou autre, c'est faire l'action de rappeler à son interlocuteur que notre échange continu car il n'est pas clos ; c'est lui permettre de garder en mémoire qu'il y a une décision ou une action en attente dont il est acteur lui-même.

Un prospect a besoin d'être relancé pour une, ou plusieurs raison à la fois :

- il n'a pas encore pu prendre le temps de la réflexion,
- il hésite au contraire entre vous et un, voire plusieurs concurrents,
- il n'ose pas revenir vers vous car il ne sait pas comment négocier,
- il a peut-être en tête de repousser l'achat de votre prestation, de votre produit car il n'est pas décidé sur la date,
- il a besoin de se concerter avec son conjoint, sa famille, celui qui va financer l'achat.

Et très certainement bien plus de raisons possibles encore…

Relancer c'est donc de mettre en place une action qui va servir à continuer à répondre à ses possibles nouvelles questions, et donc obtenir une réponse. Le plus généralement dans notre cas, cela va être alternativement :

– le fait de devoir obtenir un numéro de téléphone, pour échanger directement avec le prospect afin qu'il devienne client rapidement.
– de vouloir confirmer un horaire de rendez-vous, pour échanger directement avec le prospect afin qu'il devienne client rapidement.
– d'obtenir un rendez-vous de suivi, pour échanger directement avec le prospect afin qu'il devienne client rapidement.
– d'obtenir une validation de contrat, pour que le prospect devienne client.

Relancer c'est à ce jour la méthode la plus efficace qui vous permet de signer plus de contrats que n'importe qui, qui de nature, ne relancera jamais le prospect que vous avez en commun.

Gardez en tête, que le prospect attendra toujours d'être relancé. Il a fait la démarche d'entrer en contact avec vous après plusieurs étapes de sélection. Son énième signal d'achat réside dans le fait de se laisser courtiser par la sélection de professionnels qu'il a faite.

Si vous savez le relancer, avec empathie et efficacité, il appréciera d'autant plus le ou la professionnel.le que vous êtes. Car oui, relancer c'est un signal pour le prospect que vous suivez vos affaires, et que vous êtes impliqué.e aussi dans son achat.

Relancer c'est entretenir chaleureusement votre relation avec votre prospect. De l'humour, ou pour les plus timides, de la bonne humeur. Tout ceci doit se ressentir dans vos relances. Vous devez lui faire comprendre que vous avez envie d'échanger avec lui. Un sourire au téléphone, cela s'entend. Il est temps qu'à l'écrit aussi cela puisse se lire. Et autrement qu'avec des smileys.

Relancer, c'est créer de l'engagement avec votre prospect.

2. QUELS SUPPORTS UTILISER POUR RELANCER ?

- Mail
- WhatsApp écrit
- WhatsApp vocal
- Messages privés sur les réseaux sociaux

3. Structure d'une relance par e-mail :

De préférence, choisissez d'entamer le message par une entrée en matière « ensoleillée ». C'est le moment de transmettre sa bonne humeur à l'écrit.

Rappelez à votre prospect où vous vous en êtes arrêtés lors de votre dernier échange et ce que vous deviez obtenir / ce qu'il devait obtenir.

C'est le moment d'ajouter de la valeur à votre relance. Apportez un fait nouveau, développez un nouvel angle de vue sur le sujet que vous avez abordé lors de votre dernier entretien. C'est exactement grâce à cela que vous allez pouvoir prouver à votre interlocuteur que vous êtes celle, ou celui qu'il lui faut.

Pensez enfin à expliquer pourquoi vous lui écrivez. Pourquoi vous avez envie d'aller plus loin dans l'aventure avec lui. Lui montrer qu'il est spécial à nos yeux, car il l'est : c'est la base même de toute relation commerciale.

Enfin, terminez toujours votre relance par un appel à l'action. Ce n'est pas la tâche la plus simple, il est vrai. Mais rappelez-vous : nous relançons pour au final obtenir la vente de notre produit, la signature de notre contrat. Appelez à l'action car c'est la clé du succès de votre e-mail. À ce stade, ce qui fonctionne le mieux, c'est de proposer à votre prospect de lui envoyer un document, un échantillon, une vidéo, un exemplaire de contrat, un rendez-vous pour lui montrer vos outils de travail qui vont vous rassembler les prochaines semaines, les prochains mois… Vous l'avez compris : l'idée est de lui proposer de lui montrer patte blanche par un biais différent, où il va tirer un bénéfice immédiat. Vous proposez – Il dispose. Tout le monde gagne.

Enfin, normalement, pas de fin d'e-mail sans formulaire de clôture / formule de politesse habituelle. J'ai pu noter que terminer sur l'étape précédente, sans ajouter les traditionnelles formules de politesse était beaucoup plus efficace en taux de réponses à ma relance. Terminer son e-mail sur une proposition ouverte, c'est comme lors une discussion orale : lorsqu'une question est posée, une réponse arrive spontanément. C'est la même chose dans cette situation précise. À vous de voir ce que vous préférez faire, avec quelle culture vous êtes le.la plus à l'aise. Personnellement, c'est ce que je fais : terminer sur une proposition. J'ai 10 fois sur 10 une réponse en retour.

Bingo.. je suis entrain de créer un lien unique avec mon prospect.

4. COMBIEN DE FOIS RELANCER ?

S'il y a bien une question que tout le monde se pose, après avoir compris que la relance était nécessaire, c'est celle-ci : combien de fois devrais-je relancer mon prospect avant qu'il ne devienne client ?

Vous vous êtes fait violence : ok,vous allez désormais relancer vos prospects : « oui, mais combien de fois dois-je endurer ce supplice ? » Oui, car c'est un supplice au début, je l'entends. Mais quand vous allez mettre en place cette straté-gie de relance, vous allez y prendre goût, car au final c'est assez ludique. Un véritable mélange du jeu du chat et la souris, avec un jeu de séduction honnête et empathique.

Il est estimé de devoir relancer entre 4 à 11 fois un prospect avant qu'il ne devienne client. WOW.. je vous ai perdu là, non ?

Comment réussir à relancer ne serait-ce que 4 fois le prospect sans qu'il ne sente agressé , et donc lassé de nous ? En variant les sujets de relances, et les moyens de communication que vous allez utiliser.

Inutile de préciser que c'est l'étape où il faut faire preuve de patience et d'abnégation. Sans l'ombre d'un doute, vous allez prendre le temps de mettre en place une méthode de relance. Vous allez alterner le message et le canal de diffusion du message.

5. COMMENT RELANCER AVEC SUBTILITÉ ?

Afin de réussir à relancer votre prospect, voici quelques idées et exemples de sujets de relance :

- demander si tout va bien depuis le dernier échange (c'est le principe même de vouloir « tenir au chaud » son interlocuteur)
- demander au prospect s'il a bien reçu le mail via sa messagerie privée ou son compte WhatsApp,
- proposer un nouveau rendez-vous pour questions en suspens
- proposer un document inédit qui vient étayer votre proposition

- coller à l'actualité du prospect (vous vous suivez sur les réseaux sociaux)
- partager un nouveau produit / un nouveau service (si vous en avez un qui soit pertinent)
- partager un article que vous avez écrit qui va apporter de la valeur ajoutée à votre discussion,
- partager un reportage photos où vos services / produits sont en avant qui illustre un résultat,
- partager avec lui une publication dont vous êtes le sujet et qui est en lien avec ce qu'il cherche ou qu'il attend de vous. (l'auto-promo n'a pas sa place ici, soyez pertinent)
- partager avec lui une idée, une information d'un des acteurs majeurs avec qui vous travaillez et qui pourrait être bénéfique pour son projet. Cela montre par la même occasion que vous êtes à l'aise dans vos relations professionnelles avec les partenaires qui vous entourent.

Il y a encore bien d'autres pistes de réflexion. À vous de compléter avec vos propres idées et envies de relance.

Je vais partager avec vous une anecdote toute récente qui m'est arrivée dans mon activité de wedding-planner il y a quelques semaines à peine :

- Après avoir été contactée par un couple vivant à Dubaï qui souhaitait organiser leur mariage sur une des régions que j'affectionne tout particulièrement, nous avons passé les étapes de vente assez classique, et une fois le rendez-vous terminé, je sais qu'ils sont emballés, que lui surtout est rassuré car elle avait eu un coup de cœur pour ce que je représentais comme style et comme signature.
- Et puis…. ghosted… silence radio… J'attends quelques longs jours, car je suis fortement occupée. Et je m'en veux.
- Quasiment 10 jours plus tard, je me décide à leur laisser un message vocal sur WhatsApp, avec un simple « Hey bonjour… je suis étonnée de ne plus avoir de vos nouvelles. Y-a-t-il quelque chose qui ne fonctionne plus, avez-vous une hésitation ? Je reste à votre écoute pour en discuter et répondre à toutes questions complémentaires ». Je savais que j'étais en concurrence avec 4 autres agences de wedding-planning, de plusieurs pays différents. Qu'ils puissent hésiter, je trouve cela normal encore à ce stade.
- Retour immédiat de la part des clients : « Muriel, mille mercis de nous avoir relancés. Cela nous conforte dans notre choix de vous

engager. Si vous savez nous relancer, alors vous serez formidable dans tout le suivi de notre mariage. Faites-nous parvenir votre contrat et nous vous l'envoyons en retour immédiate-ment ». Je suis ravie à ce stade, ils étaient simplement très occupés.

Pour ce contrat ci, il y a eu en tout 6 contacts, dont deux relances. Au total un échange de 8 messages différents. Si je n'avais pas relancé, je n'aurai très certainement pas gagné ce contrat ; le couple aurait alors signé avec une concurrente plus enga-gée, pas forcément meilleure technicienne dans son métier de wedding-planner que je ne le suis, simplement plus "féroce" dans son envie de signer le contrat et donc dans sa maîtrise de l'art de la relance.

À retenir

— Relancer c'est s'assurer de signer plus de contrats,
— Le prospect attend d'être relancé,
— Vous allez devoir relancer entre 4 et 11 fois votre prospect avant de conclure la vente,

À faire

Mettre en place votre protocole de relance. Sur le nombre de relances, et à quelle fréquence.

IV

LES PIRES DEMANDES REÇUES...
ET POURTANT

Avant de vous dévoiler en bonus une introduction à l'art de la vente, il me semblait opportun de pouvoir partager avec vous certaines demandes que j'ai pu recevoir et qui pourtant ont abouti certe à la vente d'une de mes prestations, mais surtout à des relations clients positives et extra-ordinaires qui continuent aujourd'hui d'impacter mes méthodes de travail.

Pires demandes sur le papier, mais ces demandes sont toutes devenues des mariages qui ont marqué ma carrière de wedding-planner.

Rappelez-vous des erreurs #2 et #4 :

– Erreur #2 : ne pas répondre en préjugeant de la qualité du projet

– Erreur #4 : ne pas prendre le temps de lire entre les lignes.

Florilège…

1. CELLE QUI EST TRÈS SUCCINCTE :

S'il fallait expliquer et définir le mot « succinct », je ne pense pas pouvoir trouver meilleur sujet. Voici le mail que j'ai reçu. Nu et cru. Vraiment nu. Vraiment cru.

<u>=> "Info svp"</u>

Je vous avais prévenu. Succinct !

À ce jour, ce mariage qui a indiscutablement marqué ma carrière m'a permis de m'ouvrir sur une communauté dont je ne connaissais pas les us ni les coutumes. Pour cette communauté, internet a été un sujet de méfiance pendant des décennies. Aussi, la culture « e-mail » n'était tout simplement pas développée.

2. Celle qui est adressée à quelqu'un d'autre :

<u>Le détestable mail copié/collé avec erreur dans le nom de votre entreprise / dans votre nom.</u>

L'inconvénient de ce type d'e-mail reçu, c'est qu'il met en colère. Il touche à l'orgueil et fait aussi écho au syndrome de l'imposteur : « je ne suis pas assez bien pour que la personne se souvienne de mon nom d'agence, ou mon propre prénom »

Une règle absolue sur ce type de message : ne pas répondre sous le coup de la colère. Ne pas imaginer répondre non plus est tout aussi néfaste.

On respire, et on répond en recadrant son identité.

Voici ce que j'avais répondu :

« Bonjour xx, j'ai bien reçu votre demande, mais il semble qu'il ne m'était pas initialement adressé, bien que je propose ce types de prestations. Souhaitez-vous que nous entrions en contact ? Sachez que je suis ravie en tout cas que vous preniez le temps de faire des recherches multiples car cela montre votre intérêt d'être accompagnée pour l'organisation de votre mariage. »

La cliente (oui, elle est devenue cliente par la suite) m'a répondue confuse mais avec humour. Ce qui l'a convaincue qu'elle voulait travailler avec moi dès ma réponse ? Mon humilité et ma compréhension de son environnement.

3. CELLE QUI VOUS PERMET D'ÉTENDRE VOTRE RÉSEAU

<u>Demande groupée avec vos concurrentes en copie.</u>

Celui-ci, j'avoue, je ne m'y fait pas. Et d'ailleurs pendant des années, j'ai quasiment refusé à chaque fois de donner suite. Oui, ok Erreur #2 en approche, je le conçois. Mais quand même. Et puis l'année dernière, j'ai décidé de répondre, sans garder mes concurrentes en copie.

Je vous le garantis : un des plus beaux mariages de toute ma carrière.

J'en ai profité pour repositionner ma veille concurrentielle, puisque cette cliente m'a servi sur un plateau d'argent une liste sélectionnée de concurrentes directes.

Double joie.

4. Celle qui est dictatoriale

<u>Les briefs en pièces-jointes</u>

Rassurants pour certains, rédhibitoires pour d'autres, j'avoue que je fait partie de la seconde catégorie de wedding-planner.

Recevoir un brief auquel coller dès le premier échange.. « wow.. Je me sens oppressée et diminuée dans les actions que je vais pouvoir mener. Je ne suis pas un preneur d'ordre… » Voilà l'enchaînement de sentiments que j'ai vécu.

Néanmoins, vous commencez à le comprendre, j'ai répondu.

J'ai pu découvrir une cliente très prise par son travail et qui avait extrêmement peur d'oublier ne serait-ce que le moindre petit détail lors de notre échange au premier rendez-vous. C'était donc tout le contraire : très valorisant de découvrir qu'un prospect veut aussi vous mettre dans les meilleures dispositions de compréhension de son projet.

Un mariage qui m'a permis d'aller très loin dans chaque détail. Je lui en serai reconnaissante à vie. J'ai grandi grâce à cette cliente car je me suis un peu plus découverte encore.

5. CELLE QUI EST PEUREUSE

<u>Les demandes qui souhaitent un retour par mail exclusivement</u>

Il fallait finir en beauté ce florilège des « pires demandes reçues.. et pourtant ! »

Qui suis-je pour ne pas obtenir un rendez-vous direct avec un prospect ? Un véritable sentiment de mise à l'écart qui est à mes yeux aux antipodes de ce que nous devons construire comme relation avec nos clients.

J'ai répondu. Sans surprise désormais. J'ai expliqué mon process d'étude, chaque phase, qu'elles étaient chacune nécessaires à la construction de relation et à la bonne compréhension de leur projet. La réponse de la future mariée était d'une douceur extrême. Elle m'expliquait qu'ils travaillaient beaucoup tous les deux, « certaine-ment comme vous » avait-elle précisé, mais sur-tout qu'ils étaient sur deux fuseaux horaires différents la plupart du temps.

S'en est suivie une relation qui m'a poussée à développer une communication écrite plus cha-leureuse et performante, sous fond de groupe WhatsApp, qui en compte business, il faut l'avouer est d'une efficacité redoutable.

V

L'ART DE LA VENTE (BONUS)

Vous l'avez très certainement remarqué pendant votre lecture, j'ai abordé çà et là, les différentes phases de la relation que l'on a avec le prospect avant qu'il ne devienne client. Et ce à plusieurs reprises.

Alors même si ce n'est pas le sujet de ce livre, j'avais envie de partager un peu plus cette thématique ici, sous forme de bonus, cerise sur le gâteau. J'adore ce sujet, et à chaque session de Masterclass, de formation, je suis dans un état d'excitation, tellement c'est ludique et exaltant de comprendre les rouages de la vente.

Il est donc temps désormais d'aborder ici le plus simplement possible ce que la vente, si elle est bien menée, peut vous garantir à vous, sur le plan de la satisfaction personnelle, mais aussi sur le plan de l'efficacité à créer du client pour faire vivre et développer votre entreprise.

Satisfaction personnelle car la vente permet de s'épanouir dans une relation commerciale avec ses prospects qui deviennent clients. Trop souvent, le mot « vente » est associé à manipulation, perversion, et attachement vénal. Avoir choisi d'être entrepreneur, c'est avoir choisi de faire prospérer son entreprise en vendant ses services. Et lorsque l'on maîtrise l'art de la vente, avec efficacité, éthique et implication, on en tire évidemment une satisfaction personnelle car elle nous permet de tisser des relations commerciales avec des personnes qui nous ressemblent.

Efficacité à créer du client parce que c'est l'essence même de votre entreprise. Peter Drucker, professeur américain en management d'entreprise du XXe siècle a été assez prolifique sur le sujet. Mais s'il est bien une de ces idées qui devrait être ancrée et mise en avant dans tous les livres et manuels dédiés aux entrepreneurs, ce serait celle-ci : « "The purpose of business is to create and keep a customer". NDLR : Le but d'une entreprise est de créer et conserver un client ».

Et avant de penser à conserver le client avec un service client fait de process empreint d'une signature avérée, pensons d'abord à créer du client. Pensons à vendre.

Décryptage de ce qu'est l'art de la vente à travers une méthode que j'ai pu mettre au point au fil des années. Cette méthode est composée de phases simples, précises, et applicables dès votre prochaine demande reçue. Cornez la page de ce chapitre, marquez-la sur votre liseuse, afin de pouvoir retrouver chacune de ses étapes, dans l'ordre, et inspirez-vous pour signer vos prochains contrats avec panache.

Voici la méthode de vente que j'utilise, et qui mène mes prospects à la signature d'un contrat avec moi :

1. Accueillir avec joie la demande
2. Proposer un rendez-vous téléphonique
3. Découvrir le projet
4. Second rdv pour aller en profondeur
5. Troisième rdv pour présenter le projet
6. Signer le contrat
7. Travailler

1. ACCUEILLIR AVEC JOIE LA DEMANDE

C'est bête comme chou, mais être heureux et prendre le temps de savourer l'arrivée d'une demande est capital pour maintenir votre entrain.

C'est chaque matin que nous nous levons motivés à faire de nos journées des moments de réussites, des moments d'accomplissements, à répondre présents à nos clients, à vouloir soulever des montagnes pour des prospects qui nous séduisent…

Et dans notre industrie, nous savons que le nombre de prestations est limité sur une année. Même un traiteur qui possède plusieurs brigades sur un week-end possède une limite de fonctionnement.

Pour prendre le temps de discuter avec mes partenaires lorsque je suis dans mon personnage de wedding-planner, je sais que même pour ceux qui ont dépassés leurs objectifs, après l'euphorie, il y a majoritairement un retour en arrière qui passe par une limitation du nombre de prestations par an / par week-end / par mois. Chacun selon son découpage calendaire. Mais il y a limitation.

Car oui : restreindre le nombre de ventes peut permettre d'assurer un développement pérenne de son entreprise. Il est également important de réfléchir différemment : comment faire différemment et accueillir plus de clients ? Sachez qu'il est encore plus important de prendre le temps d'accueillir avec joie chaque nouvelle demande, afin de choisir (oui choisir !) de la mener au bout de la vente.

Savourez, vous venez de recevoir une demande !

2. PROPOSER UN RENDEZ-VOUS TÉLÉPHONIQUE

Vous savez désormais que vous devez répondre vite, très vite. Votre unique objectif avec ce premier e-mail échangé avec le prospect : obtenir un premier rendez-vous téléphonique qui aura lieu dans les prochaines 24 heures.

3. DÉCOUVRIR LE PROJET

Bravo, vous avez obtenu votre rendez-vous téléphonique avec le prospect. D'une durée qui varie entre 15 et 20 minutes environ, vous devez pouvoir sonder la faisabilité du projet du prospect.

Aussi, vous allez poser des questions claires qui sont la date, le lieu (région / ville..), le nombre d'invités et le budget.

Grâce à cela, vous avez pris « la température », vous savez déjà si vous aimez échanger avec le prospect, et surtout si le projet tel qui est souhaité est viable pour le prospect et pour vous.

Le projet est viable ? Bravo : vous pouvez passer à l'étape 3 qui consiste à organiser un rendez-vous, plus formel celui-ci, avec le couple.

4. ALLER EN PROFONDEUR

Nous y voilà. Le rendez-vous où vous allez pouvoir enfin aller en profondeur du projet.

Vous allez pouvoir prendre le temps :

- de réexpliquer l'utilité de ce rendez-vous, ce sur quoi il va déboucher, et pourquoi il est nécessaire pour eux, et pour vous.
- de poser toutes les questions nécessaires à la compréhension du projet,
- pour que le prospect puisse vous poser toutes les questions sur le mariage en lui-même, même

celles auxquelles il n'avait pas pensé avant votre discussion,
– de développer la construction de votre relation.
– de présenter vos services, votre manière de fonctionner. C'est le moment de briller !
– d'expliquer la suite du processus, avec ses avantages.
– de prendre rendez-vous pour présenter le projet (certains l'appelleront « devis » – attention, légalement ce n'en est pas un.)

5. Présenter le projet

Ce rendez-vous doit se dérouler toujours avec le couple. Toujours. Vous allez pouvoir leur présenter ce à quoi ressemblera leur mariage alors que vous travaillerez ensemble.

Une expérience unique pour voir leurs yeux brillés, et de nouvelles questions apparaîtrent.

Pensez à prendre des notes sur leurs commentaires, leurs paroles, ce seront autant d'atouts lorsque vous officialiserez votre relation avec le contrat.

Inutile de vous préciser que vous devez faire preuve d'enthousiasme dès les premières secondes du rendez-vous.

Donnez leurs quelques jours de réflexion – en général j'en donne 7 maximum, mais c'est propre à chacun. La seule chose à ne pas faire : leur donner plus de 15 jours. Le soufflé une fois retombé ne prendra plus jamais.

6. SIGNER LE CONTRAT

Vous arrivez au bout. Mais ne baissez pas les armes si vite. Tant que vous n'avez pas le retour signé de votre contrat, pas de victoire.

Pour la présentation du contrat, vous devez aussi mettre en place un processus, qui va inclure, entre autre, de le lire avec eux en leur posant des questions pour qu'ils puissent en poser à leur tour.

Trop de fois, je vois des professionnels qui ont peur de leur contrat, peur de le valoriser. Il faut être fier de son contrat et de ses conditions géné-rales de vente.

Le contrat est le socle même de votre relation commerciale. Quand tout va bien, on ne le consulte plus une fois qu'il est signé. Quand la relation vacille, alors, il sera votre protecteur, et la base de la gestion de tous litiges possibles.

7. TRAVAILLER

C'est officiel : à vous les prochains rendez-vous, les heures de travail. Un enthousiasme toujours intact pour ma part, depuis plus de dix ans maintenant. Je vous souhaite de le vivre avec la même intensité.

Note : Votre entreprise est enregistrée en France et vous proposez de la prestation de service ?

Pensez à mentionner et expliquer le délai de rétraction en vigueur en France depuis 2014 et la loi Hamon. Le délai de rétractation est révolu : à vous le lancement de votre phase active de travail avec votre client. Alors prenez le temps de vous renseigner sur les lois en vigueur concernant les signatures de contrat.

DE LA PART DE L'AUTEURE

Depuis toujours, dans tous mes précédents métiers et statuts, j'ai eu à cœur de transmettre ce que je découvrais, ce que j'apprenais.

Pourquoi je suis engagée dans la partage des connaissances techniques et professionnelles depuis près d'une décennie maintenant auprès de mes pairs et des professionnels du mariage ? Parce que c'est la suite logique de cc quc jc suis profondément. J'ai créé mon entreprise en 2008, et clairement, malgré mes formations solides en marketing et management d'entreprise en poche, l'industrie du mariage me laissait vide de connaissances – en France en tout cas.

Grâce à ma double culture franco-américaine, et mon attachement profond et réel à NYC, j'ai été confortée que le partage professionnel et la bienveillance n'était pas des chimères. Le pont était alors construit avec évidence : je lançais mes premières formations professionnelles après quelques années sur le terrain en tant que wedding-planner.

S'en est suivi la création du blog #RDLM www.reussirdanslemariage.com , véritable fer de lance de mon activité formation. L'idée de toutes ces démarches : rendre professionnel.le.s tous les wedding-planners en France, alors que nous étions les mal aimé.es de l'industrie. Tant boudés par les professionnels eux-mêmes (mais à quoi servez-vous ? j'en sais plus que vous de toute façon) que par les clients (mais à quoi servez-vous, je peux faire mon mariage sans vous de toute façon). Après une courte période de deux petites années environ, et quelques sessions de formation médiatisées et une centaine d'articles de qualité en accès gratuit à tous, d'autres formations ont vu le jour.

Signe évident qu'un cercle vertueux était en train de se mettre en place. J'aime à penser, avec humilité, que j'ai joué mon rôle dans tout cela.

Je suis heureuse de pouvoir partager avec vous ces 6 valeurs fondamentales qui ont déterminé ma vision, mon « pourquoi » et ce qui m'a amené à écrire ce livre pour vous.

Mes 6 valeurs fondamentales

1. J'ai foncièrement confiance et j'éprouve du respect pour les wedding-planners et autres professionnels du mariage, ainsi que pour leurs clients.
2. Je me focalise sur un haut niveau de réalisation et de contribution.
3. Je conçois chacune de nos sessions avec une intégrité sans faille.
4. J'atteins mes objectifs à travers le travail en équipe.
5. J'encourage l'entraide, la mutualisation des énergies et des connaissances, la flexibilité et la persévérance.
6. Je ne jure que par la curiosité, et l'excellence pour unique objectif.

Enfin, avant que vous ne plongiez dans la lecture de mon premier livre, je précise que j'espère sincèrement qu'il vous sera profitable, bien entendu, mais qu'il vous ouvrira des pistes de réflexions, et qu'il vous poussera à ce que vous définissiez vos propres méthodes, en vous inspirant de tout ce qui fonctionnent autour de vous, chez ces entrepreneurs qui réussissent.

© Félicia Sisco

Bienveillance | Partage | Accompagnement | Éthique

À PROPOS DE L'AUTEURE

Classée dans le World TOP 20 des luxury planners, Muriel Saldalamacchia est aujourd'hui une wedding-planner acclamée internationalement qui est consultée par une clientèle exigeante en quête de perfection et d'expérience avec deux entités commerciales et des wedding-planners qui travaillent à ses côtés.

Mais Muriel Saldalamacchia, c'est également des formations, masterclasses et workshops efficaces, techniques, performants et sans langue de bois.

Avec son académie éponyme, Muriel propose des masterclasses et des workshops composés de techniques qui fonctionnent au quotidien pour elle mais aussi pour les centaines de wedding-planners qui ont déjà suivi l'un de ses cursus.

Venez lire, écouter et apprendre de Muriel Saldalamacchia, nommée leader de son industrie par ses pairs sur les continents Américain, Européen, Asiatique et du Moyen Orient depuis 2016. Présente dans des conférences internationales, dans des podcasts ou dans différentes publications et articles, vous trouverez toujours de quoi nourrir votre soif d'apprendre, de comprendre, votre soif d'avancer pour grandir vous aussi avec vos pairs et dans votre entreprise.

Sites webs :

Activité wedding-planner à l'International

www.the-international-wedding-planner.com +

Activité wedding-planner en France

www.les-rires-de-julie.com

Activité de formation et mentoring en France

www.reussirdanslemariage.com

Activité de formation à l'International

www.muriel-saldalamacchia.com

Cet ouvrage a été mis en pages par

<pixellence>

www.ingramcontent.com/pod-product-compliance
Lightning Source LLC
LaVergne TN
LVHW051305200726
843510LV00010B/1290